BEI GRIN MACHT SICH IHR WISSEN BEZAHLT

- Wir veröffentlichen Ihre Hausarbeit, Bachelor- und Masterarbeit

- Ihr eigenes eBook und Buch - weltweit in allen wichtigen Shops

- Verdienen Sie an jedem Verkauf

Jetzt bei www.GRIN.com hochladen und kostenlos publizieren

GRIN ☺

Susanne Staples

Zwischen Etymologie und Wortgeschichte: Zur Wortgeschichte des Wortes "Aufklärung"

GRIN Verlag

Bibliografische Information der Deutschen Nationalbibliothek:

Die Deutsche Bibliothek verzeichnet diese Publikation in der Deutschen National-bibliografie; detaillierte bibliografische Daten sind im Internet über http://dnb.d-nb.de/ abrufbar.

Impressum:

Copyright © 2003 GRIN Verlag GmbH
Druck und Bindung: Books on Demand GmbH, Norderstedt Germany
ISBN: 978-3-638-93890-7

Dieses Buch bei GRIN:

http://www.grin.com/de/e-book/87724/zwischen-etymologie-und-wortgeschichte-zur-wortgeschichte-des-wortes-aufklaerung

TU Dresden
Fakultät Sprach-, Literatur- und Kulturwissenschaften
Institut für Germanistik
Lehrstuhl für germanistische Linguistik und Sprachgeschichte

SIII: Neuere deutsche Sprachgeschichte

SS 2003.
Abgabe: 11.08.03

Zwischen Etymologie und Begriffsgeschichte:

Zur Wortgeschichte des Wortes „Aufklärung"

Susanne Schmidt
Fächerkombination:
HF: Deutsch   4.FS
HF: Musik   4.FS
DF: Russisch 6.FS

Inhaltsverzeichnis

1. Vorwort

Die vorliegende Arbeit soll eine überblicksartige Darstellung der Geschichte des Wortes
(etwa vom 13. Jahrhundert an) und des Begriffes „Aufklärung" (vom 18. Jahrhundert
an) vermitteln. Da das Referat im Seminar auch unter dem Oberbegriff „Quellenarbeit"
stand, soll auch in dieser Hausarbeit besonderen Wert auf die Darstellung verschiedner
Quellen gelegt werden.

2. Grundsätzliches – „Begriffsklärung"

Die Exkurse zu Wort und Etymologie seien hier nur der Vollständigkeit halber
behandelt, weshalb sie auch nur knapp gefasst sind und auf tiefergehende Definitionen
verzichten. Schwieriger, weil wesentlich komplexer und dabei unschärfer, gestaltet sich
die Frage: Was ist ein Begriff? Auch hier habe ich versucht, wesentliche Dinge
herauszufiltern, um wenigstens etwas Klarheit in der Darstellung zu erreichen.

2.1. Was ist ein Wort?

Die Definition eines Wortes ist in der Sprachwissenschaft weitestgehend eindeutig, aber
auch sehr komplex. Hier habe ich mich auf eine der grundlegendsten Definitionen
beschränkt: Ein Wort ist ein *elementares sprachliches Zeichen.*[1] Etwas genauer: ein
Wort ist die *kleinste selbständige (...) Lautgruppe mit Bedeutung, (...)*[2]

2.1.1. Womit beschäftigt sich die Etymologie?

Was Etymologie ist und womit sie sich beschäftigt, ist in der Linguistik ebenso
eindeutig definiert. Die Etymologie ist die *Lehre von der Herkunft, Grundbedeutung,
formalen und inhaltlichen Entwicklung der Lexeme einer Sprache sowie ihrer
Verwandtschaft mit Lexemen gleichen Ursprungs in anderen Sprachen; (...)*[3]

---

[1] Glück, Helmut (Hrsg.): Metzler Lexikon Sprache. Stuttgart; Weimar 2000, S. 792, Spalte 1
[2] Bertelsmann Lexikographisches Institut (Hrsg.): Goldmann Lexikon. München 1998, Band 24, S.
10816, Spalte 1
[3] Glück, Helmut (Hrsg.): Metzler Lexikon Sprache. Stuttgart; Weimar 2000, S. 196, Spalte 2

2.2. Was ist ein Begriff?

In der Sprachwissenschaft gibt es keine allgemein akzeptierte Definition darüber, was ein Begriff ist.[4]

Hier sei eine Auswahl an Definitionen und Aspekten dargestellt.

Ein Begriff ist nicht die Bedeutung eines Wortes, sondern die Vorstellung von dieser Bedeutung.[5] Genauer: Die Projektion einer spezifizierten Merkmalmenge ins Bewusstsein.[6] Doch die Merkmalmenge kann nie bei allen Benutzern einer Sprache identisch sein.[7] Die Merkmalsmenge sollte allgemeine und gleichzeitig möglichst wesentliche Eigenschaften des Objektes angeben.[8]

Ein Begriff ist demnach ein *Aggregat kategorialer oder relationaler Merkmale, das die Gegenstände, Zustände, Prozesse etc., denen die Merkmale zukommen, zu einer Klasse zusammenfasst und das mit einem kommunizierbaren, i.d.R. verbalen Ausdruck verknüpft ist;(...)*[9]

Manchmal ist zur Begriffsbestimmung auch eine Definition notwendig, um den Begriff von anderen zu unterscheiden durch die Angabe des Rahmens und der Grenzen, in denen der Begriff gilt.[10]

2.2.1. Womit beschäftigt sich die Begriffsgeschichte?

Begriffsgeschichte und Historische Semantik werden oft synonym verwendet.[11]

Eine Bezeichnung bleibt oft über lange Zeit konstant, aber das, was damit bezeichnet wird,

verändert sich.[12] Ziel der historischen Semantik ist *die Differenzen zu thematisieren und zu klären, die zwischen einer historischen und einer gegenwärtigen Begrifflichkeit herrschen, und ihre Entstehung zu rekonstruieren. (...)*[13]

Ausgangsbasis für die Begriffsgeschichte sind Wörter, allg.: sprachliche Zeichen.[14] Ihre Aufgabe ist die Feststellung der Bedeutung dieser sprachlichen Zeichen.[15] Man kann

---

[4] Hansack, Ernst: Bedeutung, Begriff, Name., S. 27
[5] Vgl. ebd.
[6] Vgl. ebd. S. 28
[7] Vgl. ebd. S. 31
[8] www.phillex.de Lexikon der Philosophie, Stichwort: Begriff
[9] Glück, Helmut (Hrsg.): Metzler Lexikon Sprache. Stuttgart; Weimar 2000, S. 99, Spalte 1
[10] www.phillex.de Lexikon der Philosophie, Stichwort: Begriff
[11] Glück, Helmut (Hrsg.): Metzler Lexikon Sprache. Stuttgart; Weimar 2000, S. 275, Spalte 2
[12] Vgl. ebd.
[13] Vgl. ebd.

die Geschichte eines Begriffs auch als die Summierung einzelner historischer Begriffsanalysen bezeichnen.[16]

Da meist historische Quellen das Basismaterial für begriffsgeschichtliche Untersuchungen stellen, kann Begriffsgeschichte auch als eine besondere Methode der Quellenkritik gesehen werden.[17]

An dieser Stelle scheint mir ein kurzer historischer Blick auf den Begriff selbst interessant.

2.2.2. Historischer Blick auf den Begriff

Wolff hat auf diesem Gebiet eine sehr aufschlussreiche und z.T. amüsante Abhandlung hinterlassen. Eine Auswahl der Artikel sei hier dargestellt. Seine Gedanken zum Thema „Begriff" sind z.t. heute noch gültig, wenn heutige Definitionen auch wesentlich komplexer ausfallen – zu Ungunsten der Verständlichkeit, wie ich finde.

Seine Definition eines Begriffs ist sehr kurz, aber einleuchtend:

§4 Was ein Begrif ist. [18]
Einen Begrif nenne ich eine jede Vorstellung einer Sache in unseren Gedancken. (...)

Wolff weist auch darauf hin, dass es manchmal schwer fallen kann, sich einen Begriff von einer Sache zu bilden – wie es ja bei dem Phänomen Aufklärung so lange der Fall war; davon aber später - , hat aber auch ein Lösungsvorschlag für dieses Problem: Durch das Gegeneinanderhalten von verschiedenen Exempeln soll es erleichtert werden, einen Begriff zu bekommen.

§8 Wenn es uns schweer fället einen Begrif zu erlangen. [19]
Es ist leichte durch Veranlassung der Sinnen einen Begrif von einer Sache zu überkommen, wenn sie uns alles vorstellen, wodurch sie erkandt, und von anderen unterschieden wird, und zwar solchergestalt, daß sie uns nicht zugleich andere Dinge

---

[14] Koselleck, Reinhart (Hrsg.): Historische Semantik und Begriffsgeschichte. Sprache und Geschichte. Stuttgart 1978, S. 123
[15] Vgl. ebd. S. 123
[16] Vgl. ebd. S.26
[17] Vgl. ebd. S. 24
[18] Wolff, Christian: Vernünftige Gedancken von den Kräften des menschlichen Verstandes. Magdeburg 1754, Das 1. Capitel. Von den Begriffen der Dinge. S. 12
[19] Vgl. ebd. S. 15-17

mit vorstellen, die hierher nicht gehören (...), oder daß doch das dazu gehörige vor

dem fremden mehr in die Sinnen fället (...).Wenn sich das Widerspiel befindet; so ist es

schweer einen richtigen Begrif zu überkommen, denn wir nehmen entweder das

unrechte vor das rechte, oder lassen etwas aus, oder nehmen mit dazu, was nicht dazu

gehöret. (...) Es wird aber in solchem Falle die Arbeit erleichtert, wenn man

verschiedene besondere Exempel gegen einander hält, als wodurch man ersiehet, was

sie mit einander gemein haben, und was vor besondere Umstände man weglassen muß,

damit man dasjenige übrig behält, was zu dem verlangten Begriffe gehöret. (...)

Es wird nun unterschieden zwischen einem klaren und einem dunklen Begriff von einer
Sache. Klar ist ein Begriff demnach dann, wenn wir ihm eine Sache eindeutig zuordnen
können anhand der Merkmale, die er aufweist.

§ 9 Was ein klarer und dunckeler Begrif sey. [20]
Wenn der Begrif, den wir haben, zureichet die Sachen, wenn sie vorkommen, wieder zu

erkennen, als wenn wir wissen, es sey eben diejenige Sache, so diesen oder einen

andern Nahmen führet, die wir in diesem oder in jenem Orte gesehen haben; so ist er

klar: hingegen dunckel, wenn er nicht zulangen will die Sache wieder zu erkennen. (...)

Ferner wird differenziert zwischen einem deutlichen und einem undeutlichen Begriff.
Deutliche Begriffe zeichnen sich dadurch aus, dass man die Merkmale, die der Begriff
beinhaltet, nennen kann, am besten laut.

§ 13 Was ein deutlicher und undeutlicher Begrif ist. [21]
Ist unser Begrif klar; so sind wir entweder vermögend die Merckmahle, daraus wir eine

Sache erkennen, einem andern herzusagen, oder wenigstens uns selbst dieselbe

besonders nach einander vorzustellen, oder wir befinden uns solches zu thun

unvermögend. In dem ersten Falle ist der klare Begrif deutlich; in dem andern aber

undeutlich. (...)

---

[20] Wolff, Christian: Vernünftige Gedancken von den Kräften des menschlichen Verstandes. Magdeburg
1754, Das 1. Capitel. Von den Begriffen der Dinge. S. 18
[21] Vgl. ebd. S. 20-21

Weiterhin gibt es unter den deutlichen Begriffen vollständige und unvollständige. Deutliche Begriffe zeichnen sich dadurch aus, dass wir auch von den einzelnen Merkmalen, die einen Begriff ausmachen, ganz klare Begriffe haben.

§ 16 Was ein vollständiger und unvollständiger Begrif sey. [22]

Endlich ein deutlicher Begrif ist entweder vollständig, oder unvollständig. Vollständig ist unser Begrif, wenn wir auch von den Merckmahlen , daraus die Sache erkandt wird, klare und deutliche Begriffe haben. Hingegen ist er unvollständig, wenn wir auch von den Merckmahlen , daraus die Sache erkandt wird, nur undeutliche Begriffe haben. (...)

Wolff hält auch Hinweise bereit, wie ein derart deutlicher Begriff zu erlangen sei. Wenn ein Begriff zu viele verschiedene Merkmale beinhaltet, wird es sehr schwer, einen deutlichen Begriff zu bekommen. Wenn diese Merkmale sich jedoch voneinander unterscheiden lassen, so soll man zuerst jedes Merkmal einzeln betrachten, dann die Merkmale miteinander vergleichen und darauf achten, wie sie angeordnet sind und zueinander stehen.

Es gilt also, Merkmale gegeneinander abzugrenzen und eine Hierarchie dieser Merkmale zu bilden, um einen Begriff deutlicher zu fassen.

§ 19 Wie ein deutlicher Begrif erlanget wird. [23]

Wir überkommen einen deutliche Begrif, wenn die Sache, welche wir uns vorstellen, nicht gar zu viel verschiedene Dinge in sich fasset; diejenigen aber, so wir in ihr antreffen, sich wohl von einander unterscheiden lassen, und endlich wir alles, was sich einigermassen von einander unterscheiden lässet, zuerst besonders betrachten, darnach eines gegen das andere halten, und auf die Ordnung und Verknüpffung sorgfältig acht geben. (...)

Undeutlich dagegen bleibt ein Begriff, wenn er zu viele Merkmale in sich vereint, die von uns nicht richtig voneinander unterschieden werden können, oder weil wir die Merkmale nicht einzeln betrachtet haben und auch nicht ihre Anordnung und Relation beachtet haben.

---

[22] Wolff, Christian: Vernünftige Gedancken von den Kräften des menschlichen Verstandes. Magdeburg 1754, Das 1. Capitel. Von den Begriffen der Dinge. S. 24
[23] Vgl. ebd. S. 28

§ 21 Wenn man einen undeutlichen Begrif bekommet. [24]

Hingegen können wir auch daraus abnehmen, wenn wir nur einen undeutlichen Begrif von einer Sache überkommen müssen. Nemlich solches geschiehet, theil´s wenn in einer Sache gar zu viele Dinge vorkommen, die von einander unterschieden sind, doch aber von uns nicht können unterschieden werden; theils wenn uns zwar diese Hindernisse nicht im Wege stehen, oder doch wir auf jedes insonderheit acht zu haben, und ihre Ordnung und Verknüpfung zu betrachten unterlassen. (...)

Es ist erstaunlich, wie viele dieser Dinge noch heute Gültigkeit haben, obwohl sie schon vor über 200 Jahren formuliert wurden. Wolff hat die Dinge einfach beim Namen genannt, ohne großartige wissenschaftlich anmutende Ausschmückungen, was dem Verständnis sehr zuträglich war.

2.3. Was beinhaltet nun eine Wortgeschichte?

Auch der Begriff „Wortgeschichte" ist wenig eindeutig definiert. Sie wird z.T. mit zur Etymologie gerechnet[25].

Hier sei Wortgeschichte als eine Mischung aus Etymologie und Begriffsgeschichte verstanden. Beide Gebiete sollen betrachtet werden, wobei jedoch der Teil zur Begriffsgeschichte mehr Raum einnehmen wird, da sich diese wesentlich komplexer und uneindeutiger gestaltet.

3. Wortgeschichte des Wortes ´Aufklärung´

3.1. Etymologie

Das Wort „aufklären" kommt vom mittelniederdeutschen (13.-15. Jahrhundert etwa[26]) Wort. upklären, was „klar werden, aufhellen" im meteorologischen Sinne bedeutet.[27]
Diese ursprüngliche Bedeutung behielt das Wort bis in die heutige Zeit bei.

---

[24] Wolff, Christian: Vernünftige Gedancken von den Kräften des menschlichen Verstandes. Magdeburg 1754, Das 1. Capitel. Von den Begriffen der Dinge. S. 30-31
[25] Glück, Helmut (Hrsg.): Metzler Lexikon Sprache. Stuttgart; Weimar 2000, S. 799, Spalte 1

Im 16. Jh. wird dieses Wort in die Hochsprache übernommen als ′aufklaren′[28].

Im 17. Jahrhundert begegnet uns das Wort durch eine stärkere Anpassung an die hochdeutsche Wortbildung erstmals in seiner heutigen Gestalt, als „aufklären"[29].

Das Wort[30] wird zuerst verwendet in Kaspar **Stielers** Werk „Der Teutschen Sprache Stammbaum und Fortwachs oder Teutscher Sprachschatz" von 1691 als deutsche Bezeichnung von lat. ′serenitas′- heiteres Wetter, Heiterkeit[31], also auch noch in der ursprünglich meteorologischen Bedeutung.

Heute wird das Wort im meteorologischen, wie im übertragenen Sinn verwendet. Im letzteren seit dem 20. Jahrhundert auch im Sinne von „das Geschlechtsleben darstellen"[32].

13. Jh.	upklaren
	↓
16. Jh.	aufklaren
	↓
17. Jh.	aufklären

3.2. Begriffsgeschichte

Wie Wolff schon feststellte, kann es z.T. sehr schwer fallen, sich einen Begriff von einem Phänomen o.ä. zu machen – und noch schwerer, sich einen klaren, deutlichen und vollständigen Begriff zu bilden.

---

[26] Glück, Helmut (Hrsg.): Metzler Lexikon Sprache. Stuttgart; Weimar 2000, S. 444, Spalte 2
[27] Kluge, Friedrich : Etymologisches Wörterbuch der deutschen Sprache. 1995, S. 64
[28] Vgl. ebd.
[29] Vgl. ebd.
[30] es bleibt unklar, ob es sich um das Verb ′aufklären′ handelt, wie Alt es beschreibt (S. 3), oder ob es sich um das Substantiv ′Ausklärung′ handelt, wie Koselleck schreibt (S. 247) – deshalb hier die Verallgemeinerung. Klar ist nur, dass das Substantiv erst nach dem Verb in den Sprachgebrauch kam.
[31] Brunner, Otto / Conze, Werner / Koselleck, Reinhart (Hgg.): Geschichtliche Grundbegriffe. Historisches Lexikon zur politisch-sozialen Sprache in Deutschland. Stuttgart 1972, S. 247
[32] Kluge, Friedrich : Etymologisches Wörterbuch der deutschen Sprache. 1995, S. 64

So war es bei dem Begriff der Aufklärung der Fall. Es hat sehr lange gedauert (etwa 200 Jahre, sogar ein wenig mehr) bis er klar umrissen war, allgemein genug und dabei doch umfassend.

Erst 1897 ist Ernst Troeltsch eine Wesensbestimmung des Phänomens Aufklärung gelungen, die diesen Ansprüchen weitestgehend genügt.

Seiner Meinung nach ist die Aufklärung *der Widerspruch gegen den bisherigen Zwiespalt von Vernunft und Offenbarung und gegen die praktische Herrschaft der supranaturalen Offenbarung über das Leben. Eine immanente Erklärung der Welt...und eine rationale Ordnung des Lebens im Dienste allgemeingültiger praktischer Zwecke ist ihre Tendenz. Da sie beides...auf dem Wege rein verstandesmäßigen Raisonnements zu erreichen suchte, so ist...ihr Hauptcharakter eine nüchtern zergliedernde Verständigkeit und ein reformlustiger Utilitarismus....Als der erste umfassende Kampf gegen die Überlieferung der Kirche und der Antike ist sie schließlich erfüllt von einem einzigartigen Selbständigkeitsgefühl und einem unbegrenzten Optimismus... Der endlich mündig gewordenen Vernunft (traut sie) eine nie geahnte weltverbessernde Wirkung zu.*[33]

Doch nicht diese, sondern die Definition Kants von 1783 wird heute als das maßgebliche Zeugnis des Selbstverständnisses der Aufklärung gesehen, obwohl sie von zeitgenossen nur wenig beachtet worden ist und von Kant selbst eher beiläufig entwickelt worden ist. [34]

Aufklärung ist der Ausgang des Menschen aus seiner selbst verschuldeten Unmündigkeit. Unmündigkeit ist das Unvermögen, sich seines Verstandes ohne Leistung eines anderen zu bedienen. Selbstverschuldet ist diese Unmündigkeit, wenn die Ursache derselben nicht am Mangel des Verstandes, sondern der Entschließung und des Mutes liegt, sich seiner ohne Leistung eines anderen zu bedienen. Sapere aude! Habe Mut, dich deines eigenen Verstandes zu bedienen! Ist also der Wahlspruch der Aufklärung.[35]Seine Definition beschränkt sich jedoch nur auf die Aufklärung als ein nur auf die Vernunft bezogenes Phänomen.

---

[33] Brunner, Otto / Conze, Werner / Koselleck, Reinhart (Hgg.): Geschichtliche Grundbegriffe. Historisches Lexikon zur politisch-sozialen Sprache in Deutschland. Stuttgart 1972, S. 245-246
[34] Vgl ebd. S. 265
[35] Alt, Peter-André: Aufklärung. Lehrbuch Germanistik. Stuttgart / Weimar 2001, S. 1-2

Neben dieser typischen Begriffsbildung[36] der Aufklärung als Ermächtigung der Vernunft[37] gab es am Ende des 18. Jahrhunderst auch noch andere typische Auffassungen davon, was Aufklärung überhaupt ist und was sie beinhaltet.[38] Aufklärung wurde nicht nur als Erleuchtung des Verstandes, sondern auch des Herzens gesehen.[39]

Bei Lorenz Westenrieder heißt das Wort „Aufklären" 1780 dann auch:...*wegräumen die mancherlei Hüllen und Decken vor den Augen, Platz machen dem Licht in Verstand und Herz, daß es jenen erleuchte, dieses erwärme, und eintreten in die Gebiete der Wahrheit und der Ordnung, wo die Bestimmung des Menschen, die wahre Glückseligkeit thront. Mit solchen Augen werden wir nach Maß des Verdienstes einst Gott schauen.*[40]

Aufklärung wurde auch Erziehungsbegriff gesehen.[41] Der Mensch sollte dazu erzogen werden, seinen Verstand zu gebrauchen. Aberglaube und Unfreiheit im denken sollten abgeschafft werden durch vernünftiges Denken. Als Hilfsmittel hierfür galten eine Förderung der Pressefreiheit, die Ausbildung eines Buch- und Zeitschriftenmarktes, sowie die Neukonzeption des Bildungssystems.[42] Das b18. Jahrhundert kann demnach als Zeitalter der Entdeckung des Lesers und als Epoche der Pädagogik gesehen werden.[43]

Doch es kann auch als Zeitalter des Wissens und der Wissenschaften gelten.[44]

Man begann, die Natur empirisch zu beobachten und ihre Gesetzmäßigkeiten im Experiment zu überprüfen. Die Kenntnisse über die Natur traten nun in Konkurrenz zur Theologie, die bis dahin sehr lange das Privileg auf die absolute Wahrheit hatte.[45]

Aufklärung wurde auch gesehen als ein einziger Prozess der Säkularisierung.[46] Kirchliche Autoritäten wurden verdrängt, doch es wurde dabei auch immer versucht, Vernunft und christliche Offenbarung miteinander zu versöhnen. Nach und nach trat die

---

[36] Brunner, Otto / Conze, Werner / Koselleck, Reinhart (Hgg.): Geschichtliche Grundbegriffe. Historisches Lexikon zur politisch-sozialen Sprache in Deutschland. Stuttgart 1972, S. 250
[37] Alt, Peter-André: Aufklärung. Lehrbuch Germanistik. Stuttgart / Weimar 2001, S. 11
[38] Brunner, Otto / Conze, Werner / Koselleck, Reinhart (Hgg.): Geschichtliche Grundbegriffe. Historisches Lexikon zur politisch-sozialen Sprache in Deutschland. Stuttgart 1972, S. 250
[39] Vgl. ebd. S. 250
[40] Vgl. ebd. S. 250-251
[41] Alt, Peter-André: Aufklärung. Lehrbuch Germanistik. Stuttgart / Weimar 2001, S. 11
[42] Vgl. ebd. S. 11
[43] Vgl. ebd. S. 12
[44] Vgl. ebd.
[45] Vgl. ebd.
[46] Vgl. ebd.

Vernunft an den Platz der christlichen Konfession und wurde so zu einer Art Ersatzreligion.[47]

Am Beginn des 19.Jh. wurde der Terminus 'Aufklärung' schließlich zum Epochenbegriff: Hegel nannte in seinem Werk 'Über die Geschichte der Philosophie' von 1820/30 das gesamte 18.Jh. ein 'aufgeklärtes Zeitalter'.[48] In die Lexika, Handbücher und Wörterbücher kam der Epochenbegriff kam als solcher aber erst relativ spät.[49] Gründe dafür könnten sein, dass der Begriff der Aufklärung im 18. Jahrhundert sehr uneinheitlich war; er außerdem von allen möglichen Richtungen beansprucht wurde; die Aufklärung als eine aktuelle Aufgabe verstanden wurde (die man folglich mit Taten, nicht mit Worten angehen muss) und die ursprüngliche (meteorologische) Wortbedeutung sich nicht verdrängen ließ von den sich entwickelnden Spezialbedeutungen.[50]

Doch neben dieser meteorologischen Bedeutung entwickelte sich zugleich ein metaphorischer Gebrauch des Wortes, eine Bedeutungserweiterung erfolgte. 'aufklären' wurde im Sinne von 'geistig erhellt, zur Klarheit geführt'[51] verwendet. Diese Bedeutung taucht schon bei Descartes 1637 auf, in seinem 'Discours de la methode'.[52]

Auch John Milton verwendet das engl. 'to enlighten' in seinem Epos 'Paradise lost' von 1667 als Metapher für die Erleuchtung des Geistes und des Verstandes durch Gott.[53]

Leibniz verwendet es im vergleichbaren Sinn 1710 in den 'Essais de theodicee' und in den Schriften zur Metaphysik: 'eclairer / eclaircissement' als Metaphern der Erhellung des Verstandes, aber auch der religiösen Erleuchtung. (Er selbst übersetzt 'eclairer' mit 'ausgeklärt'[54] – dabei wäre die Übersetzung mit 'erleuchtet' viel korrekter, aufgrund des lat. Stammes 'clarus'- hell, klar[55])

---

[47] Alt, Peter-André: Aufklärung. Lehrbuch Germanistik. Stuttgart / Weimar 2001, S. 13
[48] Vgl. ebd. S. 5
[49] Brunner, Otto / Conze, Werner / Koselleck, Reinhart (Hgg.): Geschichtliche Grundbegriffe. Historisches Lexikon zur politisch-sozialen Sprache in Deutschland. Stuttgart 1972, S. 244
[50] Vgl. ebd. S. 244
[51] Alt, Peter-André: Aufklärung. Lehrbuch Germanistik. Stuttgart / Weimar 2001, S. 3
[52] Vgl. ebd. S. 3
[53] Vgl. ebd.
[54] Vgl. ebd.
[55] Brunner, Otto / Conze, Werner / Koselleck, Reinhart (Hgg.): Geschichtliche Grundbegriffe. Historisches Lexikon zur politisch-sozialen Sprache in Deutschland. Stuttgart 1972, S. 248

Gottsched umschreibt das Phänomen 'Aufklärung' 1758 auch mit der Lichtmetapher, den Begriff Aufklärung selbst hat er noch nicht angenommen und deshalb taucht er auch in seinem Lexikon nicht auf. Aufklärung wird umschrieben mit Licht und Erleuchtung des Verstandes und des Geistes.

Eintrag: Licht [56]

(...) Viertens bedeutet es die deutliche Einsicht, die jemand in einer Art von Wissenschaften hat, oder machet. Z.B. nachdem ich diesen Mann gehöret hatte, gieng mir erst das rechte Licht in der Weltweisheit auf, d.i. damals erlangte ich erst eine deutliche Einsicht dieselbe. Nunmehr bekomme ich in der Sache Licht, d.i. nun sehe ich sie ein. Leibniz und Wolf haben uns in der Weltweisheit ein großes Licht aufgestecket, angezündet, d.i. sie haben uns zu einer großen und deutlichen Einsicht in dieselbe verholfen. Ein gewisser Mann, der das heitere Licht der Weltweisheit (d.i. die Deutlichkeit in derselben), das uns durch Wolfen aufgegangen, wie die Maulwürfe den Tag angeblinzelt, hat uns wieder in die Dunkelheit unverständlicher Wörter zurückführen wollen.

Zum näheren historischen Verständnis davon, was Weltweisheit überhaupt ist, seien hier zwei Artikel von Wolff angebracht.

§1 Was Weltweisheit ist [57]

Die Welt-Weisheit ist eine Wissenschaft aller möglichen Dinge, wie und warum sie möglich sind.

§2 Was Wissenschaft ist [58]

Durch die Wissenschaft verstehe ich eine Fertigkeit des Verstandes alles, was man behauptet, aus unwidersprechlichen Gründen unumstößlich darzuthun. (...)

---

[56] Gottsched, Johann Christoph: Beobachtungen über den Gebrauch und Misbrauch vieler deutscher Wörter und Redensarten. Reprint der Ausgabe 1758. London 1995, S.172
[57] Wolff, Christian: Vernünftige Gedancken von den Kräften des menschlichen Verstandes. Magdeburg 1754, Vorbericht von der Welt-Weisheit, S. 1
[58] Vgl. ebd. S. 1

<u>*Gottsched: Erlaucht und erleuchtet*</u> [59]

(...)Hieraus wird nun die metaphorische Bedeutung des Erleuchtens und der Erleuchtung genommen. Man saget in der Religion, der heilige Geist erleuchte uns mit seinen Gaben, wenn er uns eine Erkenntnis göttlicher und himmlischer Lehren beybringt. Und die Erleuchtung heißt alsdann eine Gnadenwirkung desselben. Der hocherleuchtete Mann Gottes, Apostel, u.s.w.

Ferner heißt, auch im weltlichen Verstande, ein jeder Geist erleuchtet, wenn er viel, sonderlich deutliches, Erkenntnis erlanget hat. Erleuchtete Augen des Verständnisses haben, saget man. Dieß ist ein erleuchteter Führer zum Tempel der Wahrheit. Dein erleuchtetes Gemüth siehst das wohl ein, u.d.gl.

Erst im ersten Drittel des 18.Jh. etabliert sich die Hauptbedeutung von ´Aufklärung´ als ´Akt der rationalen Aufhellung der Vernunft´[60]

Doch noch bis Ende des 19.Jh. herrschte Unklarheit darüber, wie das Phänomen ´Aufklärung´ definiert werden kann[61], was es nun wirklich bedeute und was es alles beinhalte.

Es war z.B. zum Modewort geworden, das alles und nichts heißen konnte.

In dem Roman „Carl von Carlsberg" von Salzmann 1787 heißt es denn auch: *Manche setzen die Aufklärung in der Frisur und in französische Kleidertracht; andere glauben, sie bestehe in der Lästerung Gottes und Jesu Christi...Ja ich habe einen jungen Laffen gekannt, der hielt sich deswegen für aufgeklärt, weil er Französisch plaudern konnte.*[62]

Doch den Menschen im 18. Jahrhundert und danach war es durchaus klar, dass der Begriff der Aufklärung schwer zu fassen ist und es lange nicht gelingen wollte. So äußerte Zöllner 1783 die Frage: *Was ist Aufklärung? Diese Frage, die beinahe so wichtig ist, als: was ist Wahrheit?, sollte doch wohl beantwortet werden, ehe man aufzuklären anfinge!*[63]

---

[59] Gottsched, Johann Christoph: Beobachtungen über den Gebrauch und Misbrauch vieler deutscher Wörter und Redensarten. Reprint der Ausgabe 1758. London 1995, S. 97-98
[60] Alt, Peter-André: Aufklärung. Lehrbuch Germanistik. Stuttgart / Weimar 2001, S. 3
[61] Brunner, Otto / Conze, Werner / Koselleck, Reinhart (Hgg.): Geschichtliche Grundbegriffe. Historisches Lexikon zur politisch-sozialen Sprache in Deutschland. Stuttgart 1972, S. 244
[62] Vgl. ebd. S. 245
[63] Vgl. ebd. S. 244-245

Auch Lorenz von Stein erinnert 1884 an die *ebenso endlosen als ergebnislosen*
Streitigkeiten, welche sich seit der letzten Hälfte des vorigen Jahrhunderts bis fast
mitten in das gegenwärtige hinein an jenes Wort geknüpft haben... Wenn man dabei
fragt, was die einzelnen eigentlich darunter verstanden, so wird man sehen, dass genau
genommen keiner sich davon klare Rechenschaft ablegte, und zwar darum nicht, weil
jeder annahm, jeder andere verstehe ganz gut, was er damit meine. [64]

Zusammenfassend ist zu sagen, dass die Geschichte des Aufklärungsbegriffes dadurch
bestimmt wird, dass ´Aufklärung`

1. verdichtet wird zu einem Epochenbegriff, zum Begriff der geistigen Bewegung
   dieser Epoche, zum Begriff der aus ihr ableitbaren Ideen[65];
2. die ursprüngliche Wortbedeutung (klar werden, aufhellen) sich weiterhin
   behauptet gegenüber den sich entwickelnden Spezialbedeutungen und sogar im
   20. Jahrhundert noch eine Bedeutungserweiterung erfährt [66] (im Sinne von
   sexueller Aufklärung);
3. ersetzt, verdrängt oder ergänzt wird durch eine Vielzahl anderer Begriffe, z.B.
   Bildung, Kultur, Zivilisation, Erziehung, Wissenschaft, Rationalismus,
   Philosophie usw.[67]

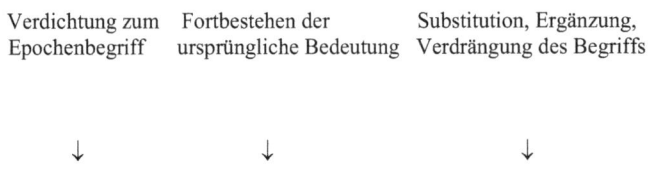

| Verdichtung zum | Fortbestehen der | Substitution, Ergänzung, |
| Epochenbegriff | ursprüngliche Bedeutung | Verdrängung des Begriffs |

↓   ↓   ↓

Aufklärungsbegriff

[64] Brunner, Otto / Conze, Werner / Koselleck, Reinhart (Hgg.): Geschichtliche Grundbegriffe.
Historisches Lexikon zur politisch-sozialen Sprache in Deutschland. Stuttgart 1972, S. 246-247
[65] Vgl. ebd. S. 243
[66] Vgl. ebd.
[67] Vgl. ebd.

Auch heute gibt es noch zahlreiche unterschiedliche Definitionen des Aufklärungsbegriffes. Hier seien nur zwei Möglichkeiten angeführt.

Aufklärung bedeutet z.b.:[68]

1) Klarlegung, Unterrichtung

2) Aufspürung

3) Erkundungsdienst: Aufklärungsflüge

4) Unterrichtung über sexuelle Vorgänge und das Werden des Menschen

5) eine gegen Ende des 17. Jahrhunderts entstandene bis ins 19. Jahrhundert wirkende Geistesbewegung

Eine andere Auffassung lautet:

Aufklärung ist:[69]

1. *völlige Klärung, Klarstellung, Auflösung*

2. *a) Darlegung die bisher unbekannte Zusammenhänge klärt, über etwas / jemanden den gewünschten Aufschluß gibt*

   b) Belehrung über geschlechtliche Vorgänge

   c) Belehrung, Information über politische o.ä. Fragen

   d) Agitation (DDR)

3. *Von Rationalismus und Fortschrittsglaube bestimmte europäische geistige Strömung des 17. und v.a. 18. Jahrhunderts, die sich gegen Aberglaube, Vorurteile und Autoritätsdenken wendet*

4. *Erkundung der militärischen Situation des Feindes*

Interessant ist der unterschiedliche Grad der Differenzierung, mit dem Aufklärung als Epochenbegriff beschrieben wird, sowie die unterschiedliche Hierarchie und Anordnung der verschiedenen Bedeutungen.

Eine letzte sehr treffende Definition der Aufklärung als Epochenbegriff sei abschließend noch genannt:

Aufklärung als Epochenbegriff bezeichnet *jene in der zweiten Hälfte des 17. Jahrhunderts einsetzende und im 18. Jahrhundert kulminierende europäische*

---

[68] Der Sprach-Brockhaus: deutsches Bildwörterbuch von A – Z. Wiesbaden 1984, S. 58, Spalte 1
[69] Duden. Das große Wörterbuch der deutschen Sprache. Band 1: A-Ci, S. 216, Spalte 1-2

Geistesbewegung, durch die in einem alle menschlichen Lebensbereiche von Grund auf
verändernden Säkularisationsprozeß die „moderne Welt" heraufgeführt und eine
umfassende „ Entzauberung der Welt" eingeleitet wird.[70]

4. Zusammenfassung

Die Wortgeschichte des Wortes Aufklärung ist eine sehr komplexe Angelegenheit,
insbesondere die Begriffsgeschichte. Deshalb musste ich einige Aspekte aussparen, um
den Rahmen nicht zu sprengen und die Übersichtlichkeit zu bewahren.

Ich habe versucht, ein Schema zu erstellen, was die einzelnen Veränderungen in Wort
und Begriff der Aufklärung zusammenfassend in einem Überblick aufzeigt. Hierbei ist
natürlich die Problematik zu beachten, daß beide Bereiche nicht richtig voneinander zu
trennen sind.

---

[70] Brunner, Otto / Conze, Werner / Koselleck, Reinhart (Hgg.): Geschichtliche Grundbegriffe.
Historisches Lexikon zur politisch-sozialen Sprache in Deutschland. Stuttgart 1972, S. 245

Aufklärung

↓	↓
Wort	**Begriff**

13. Jh. Meteorologische
Bedeutung:
upklaren

↓

16. Jh. *aufklaren*

↓

17. Jh. *aufklären*   Metaphorische
Bedeutung:
Geistige Erleuchtung   1784 Definition durch Kant

↓   Typische Begriffsbildungen:
Erhellung der Vernunft   → A. als Erleuchtung
des Verstandes und des
Geistes
→ A. als Erziehung des
Menschen
→ A. als Zeitalter des
Wissens und der
Wissenschaften
→ A. als
Säkularisierungsprozess

18. Jh.

19. Jh.   1820 Aufklärung als
Epochenbegriff durch Hegel

1897 verbindliche Definition
durch Troeltsch

20. Jh. Bedeutungserweiterung:
*Belehrung über
geschlechtliche Vorgänge*

5. Nachwort

Die Arbeit an diesem Thema war sehr aufschlussreich, doch auch sehr schwierig.

Besonders schwer fiel mir die Entscheidung, wie stark differenziert die Arbeit werden soll an den einzelnen Stellen. Ich entschied mich für eine Überblicksdarstellung des Themas. Deshalb mussten einige Aspekte wegfallen und z.T. Verallgemeinerungen gemacht werden.

Die Quellenarbeit war für mich am interessantesten, weil die Artikel z.T. so amüsant geschrieben waren und einen Einblick in das Denken der Menschen damals und die Art und Weise desselben ermöglichten.

Insgesamt gesehen war deshalb die Bearbeitung dieses Themas eine Bereicherung für mich.

6. Quellenverzeichnis

- **Alt**, Peter-André: Aufklärung. Lehrbuch Germanistik. Stuttgart / Weimar 2001
- **Brunner**, Otto / **Conze**, Werner / **Koselleck**, Reinhart (Hgg.): Geschichtliche Grundbegriffe. Historisches Lexikon zur politisch-sozialen Sprache in Deutschland. Stuttgart 1972
- **Franz**, Günther (Hrsg.): Quellen zur Geschichte des deutschen Bauernstandes in der Neuzeit. In: Ausgewählte Quellen zur deutschen Geschichte der Neuzeit. Band 11. Darmstadt 1976
- **Glück**, Helmut (Hrsg.): Metzler Lexikon Sprache. Stuttgart; Weimar 2000
- **Gottsched**, Johann Christoph: Beobachtungen über den Gebrauch und Misbrauch vieler deutscher Wörter und Redensarten. Reprint der Ausgabe 1758. London 1995. In: History of Linguistics. 18th and 19th Century German Linguistics. Volume 2
- **Hansack**, Ernst: Bedeutung, Begriff, Name. In: STUDIA ET EXEMPLA LINDUISTICA ET PHILOLOGICA: Series II: Studia minora. Editor: Klaus Trost. Tom. 1. Regensburg 1990
- **Kluge**, Friedrich : Etymologisches Wörterbuch der deutschen Sprache. 1995
- **Koselleck**, Reinhart (Hrsg.): Historische Semantik und Begriffsgeschichte. Sprache und Geschichte. Stuttgart 1978
- **Leibniz** Gottfried Wilhelm/ **Wolff**, Christian/ **Adelung**, Johann Christoph: Unvorgreiffliche Gedancken (Leibniz) – Vernünftige Gedancken von den Kräften des menschlichen Verstandes (Wolff). Reprint der Ausgabe 1717/ 1754. London 1995. In: History of Linguistics. 18th and 19th Century German Linguistics. Volume 1
- Der Sprach-Brockhaus: deutsches Bildwörterbuch von A – Z. Wiesbaden 1984
- Duden. Das große Wörterbuch der deutschen Sprache.
- www.phillex.de Lexikon der Philosophie, Stichwort: Begriff
- Bertelsmann Lexikographisches Institut (Hrsg.): Goldmann Lexikon. München 1998